espáduas

rollo de resende

rollo de resende

espáduas
(antologia)

telaranha

© Herdeiros de Rollo de Resende

Organização: Hiago Rizzi .
Edição: Bárbara Tanaka e Guilherme Conde M. Pereira
Projeto gráfico: Bárbara Tanaka e Guilherme Conde M. Pereira
Pesquisa iconográfica: Jane Sprenger Bodnar, Marilia Kubota e Stella de Resende
Estabelecimento de texto: Bárbara Tanaka, Guilherme Conde M. Pereira e Hiago Rizzi

Capa: Guilherme Conde M. Pereira
sobre *Garza*, aquarela e guache sobre papel, 15,8 × 11,7 cm, Albrecht Dürer, ca. 1505/1506.

Dados Internacionais de Catalogação na Publicação (CIP)
Bibliotecário responsável: Henrique Ramos Baldisserotto - CRB 10/2737

R433e   Resende, Rollo de
         Espáduas: antologia poética / Rollo de Resende;
    Organização Hiago Rizzi. – 1. ed. – Curitiba, PR:
    Telaranha, 2023.

        224 p.

        ISBN 978-65-997172-4-6

        1. Poesia Brasileira I. Rizzi, Hiago. II. Título.

                       CDD: 869.91

Índices para catálogo sistemático:
1. Poesia : Literatura Brasileira   869.91

Direitos reservados à
TELARANHA EDIÇÕES
Curitiba - PR
(41) 3246-9525
www.telaranha.com.br
contato@telaranha.com.br

Impresso no Brasil
Feito o depósito legal
2023

: sumário

nota do organizador *8*

bem que se aviste racho de romã [1988] *11*
homeopoética [1991] *39*
água mineral [1995] *61*
uma flor de lótus [1998] *131*

a sublime deriva – dispersos *145*

dois e dois são cinco *210*
(marilia kubota)

amanhã bem cedo eu resolvo o medo *214*
(francisco mallmann)

bibliografia *221*

: nota do organizador

Rollo de Resende (1965-1995) apareceu para mim em setembro de 2020, quando Francisco Mallmann lia poesia paranaense em uma *live*. No mesmo dia, encontrei poemas publicados na seção "Revelações" do jornal *Nicolau*, na edição de outubro de 1991. Um mês depois, comprei o que provavelmente era o último exemplar disponível de *Água mineral* (1995, via Lei de Incentivo à Cultura de Curitiba). No sebo Arcádia, descobri que o livreiro João Nei teve uma banda com o poeta.

Movido pelos escritos de Rollo e pelo acaso, contatei algumas pessoas de seu entorno − entre elas a irmã, Stella de Resende, e as escritoras Marilia Kubota e Jane Sprenger Bodnar. Stella emprestou a edição artesanal do primeiro livro de Rollo, *Bem que se aviste racho de romã* (1988), um frasco do *Homeopoética* (1991, livro-objeto publicado com Jane Sprenger Bodnar e Fernando Zanella) e a plaquete *Uma flor de lótus* (1998, edição póstuma). Além dessas publicações, reunimos poemas extraídos de antologias e jornais, bem como algumas plaquetes que Rollo vendia na tradicional Feira do Largo da Ordem, em Curitiba.

Esta antologia é uma amostra própria à informalidade de uma produção vasta, sem a pretensão de encerrar sua obra ou circunscrever sua totalidade. As únicas alterações empregues nos originais se dão em palavras com erros de digitação explícitos, além da atualização da grafia considerando o Novo Acordo Ortográfico de 1990. Alguns poemas aparecem mais de uma vez nesta edição − optamos por manter suas diferentes versões quando o conteúdo ou a estrutura apresentavam variações, mesmo que sutis.

O poema "pode ter saído de um romance de pasolini", que consta na seleção do *Nicolau* e no livro *Água mineral*, também foi publicado na *Folha de Parreira*, boletim informativo do Grupo Dignidade, em junho de 1994 — uma aproximação direta de sua atividade como poeta com o movimento LGBTQIA+. Já o poema que fecha esta antologia foi um dos últimos escritos por Rollo, dedicado a uma enfermeira que o acompanhou nos últimos dias no hospital. Transcrito por Jane, saiu no jornal *A Notícia*, de Joinville (SC), em agosto de 1996.

Em vida, Rollo de Resende não alçou voos tão altos no cenário editorial — estava mais interessado em outras formas de troca, num movimento díspar e contínuo mesmo na convivência com o HIV. Ele iniciou um gesto poético que, a contar da primeira publicação, tem mais de três décadas e segue capaz de (re)encontrar leitores. **Espáduas** retribui esse aceno que atravessa o tempo, sagaz, renovando uma questão que ele próprio nos legou: *o que se quer que repercuta?*

Hiago Rizzi é jornalista formado pela Universidade Federal do Paraná e repórter do *Cândido*, publicação de literatura da Biblioteca Pública do Paraná. Atua na área da cultura, com interesse em artes visuais e poesia contemporânea.

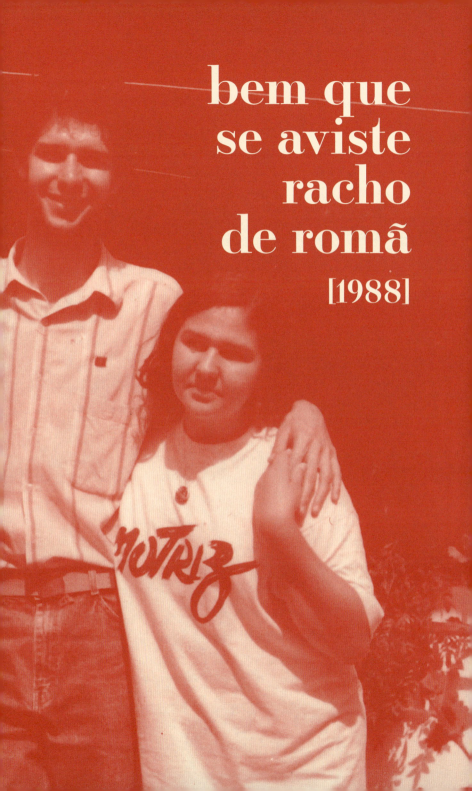

Na fotografia, da esquerda para a direita: Marilia Kubota, Fernando Zanella, Jane Sprenger Bodnar, Rollo de Resende e Stella de Resende. Acervo pessoal de Jane Sprenger Bodnar.

Como não repetirei, a teus pés, que o profissional esconde no índice onomástico os ladrões de quem roubei versos de amor com que te cerco.

ana cristina c.

a manivela do desejo
dispunha os filamentos
dos rapazes para cima

ver como se utilizam
dos lírios alheios
até o mútuo desmaio

sobre que superfície
translúcida
iridescente
abandonaste meus olhos

deixei de um pão
para roê-lo

teu sexo
se batendo pelos
corredores do apartamento

por ti
solidamente
sapatos em chamas

até
trocarmos doenças

nessa tarde
engano um cigano
e me escondo num cinema

me engano

molhar
tua fruta de veias
que escravizas

senhor
de um deserto de paredes
no 4º andar

eu tô no barzinho
da esquina
desça ou suba até
o último andar e
se jogue
estou aqui embaixo
no barzinho da esquina

tenho todos os chopps comigo

se decidido
ressuscitaremos
os meios de nos tocarmos
nem que seje
pelos sustos

(é que a solidão
causava presença
de seres estranhos)

pelo tanto
que tua pedra
me desfez
e tua lã
não me
enovelou

não vê-lo

ou digo:
um gole?
vários

não
principalmente
depois de álcoois
te amo
mármore súbito
que arrisco
na extrema
desconstrução das nuvens

nove novenas para
que o incêndio se recolha:

emissão contínua de eclipses

ai meu amor
nem eu posso comer
a coxinha que me pedes

quem sabe
lambe para si
as lágrimas dos olhos

no bar que nos unira
e que hoje nos urina

sobre a mesa do bar
e à tonta luz
forneço mares para naufrágio

falo
de esconder
a época entre os seios
para que não trincasse
no vazio
tudo
que não torça

grãos de trigo
que são para pães
dados a pássaros
de olhares blues

só por barro
tenho entendido
(toda) chuva
com esse disfarce
impermeável
num atelier de asas
para pernoite

balé de postes
após termos
entre nós
álcoois

se afasta cidade
não posso ter
atalhos
pelas paredes

eu permitiria que me matasse
mas só me deixou

na próxima vez
sobrevoaria fotográfico
seu bojo castanho
tronco e colina

passear
na floresta
enquanto não vem

feririam nossos corações de tigre
quando viessem de dois anos
crianças que animam dicionários

para dedilhar
suas cicatrizes
sinais da viagem do corpo
hotel david:
a minha procura é por
um de paletó e camisa pretos
não está acompanhado
lhe dei uma maçã
semienvenenada

bem
que se aviste
onde pousa teu dedo
pássaro bicando
num
aplauso de asas

nem
uma pausa para gozo
na doce região
onde se adquirem as doenças
racho de romã

andarilho meu
saiba do chão
quando precisar
de pedra

eu
já sou pó
sem eira

índice onomástico

Piva, Roberto
Resende, Stella
Cesar, Ana Cristina
Zé Carlos e Teresinha
Júnior e Regina
Botto, António
Gismonti, Egberto
Magalhães, João Carlos
Cacaso
Wilde, Oscar
Madalozzo, Raul
Leites, Hélio
Luna, Bia de
Rodrigues, Gilvânia
Fassbinder, Rainer Werner
Pinheiro, Oréo
Mattoso, Glauco
Zela
Kolody, Helena
Hoffmann, Edu
Genet, Jean
Maranhão, José Luis de Sousa
(Ilde)Afonso
Moreyra, Cida
Eden, Marlon
Montenegro, Pipa
Holiday, Billie

Khalil, Edna
Veloso, Caetano
Alonso, Suzana
Oliveira, Lourdes de
Trevisan, João Silvério
Bera, Júlio Cesar
Machado, Juarez
Loyola, Paulo Roberto
Coelhinho, Maurício
Laus, Ceres
Cercal, Celinho
Dotto, Ignácio
Tiãozinho
Karl, Fernando

homeopoética

[1991]

Na fotografia, Rollo de Resende e Jane Sprenger Bodnar desembarcam de uma ambulância no Largo da Ordem, em Curitiba, para o lançamento do livro- -objeto *Homeopoética* (1991), na Casa Romário Martins. Acervo pessoal de Jane Sprenger Bodnar.

HOMEOPOÉTICA
(desde 1991)　　　　casulo provisório edições

Apresentação
- frascos com 45 cápsulas de 86 "grammas" poéticas
  (em média)

Prazo de validade
- relativo e indefinível.

Ação do medicamento
- atua sobre os humores, estimulando o baixo
  ventre; exercita a coordenação motora e metafórica;
  aguça pontos de vista e, inclusive, dá barato.

Composição
- fonte arial - corpo 8, caixas altas e baixas.
- papel colorplus, 80 gramas

Princípios Ativos
- silêncio　violão　pão feito em casa　asas
  desejo　ana c.　sementes　partido　blues
  botão　alvim　cartas　madrugada　licor
  oficinas　41 H　escorpião　rumo　deriva
  feirinha　nelson　stella　geléia de rosas
  unhas　lua　fassbinder　raia-lixa　amazonas
  domingos nascimento 739　menestréis　wenders
  papos de anjo　sílvio r.　chapati　almofadas
  sol　água mineral com gás　groff　alexandre b.
  goethe　gira.

Contra-indicação
- não há, podendo ser manipulado inclusive por
  crianças e gestantes.

Posologia
- agite antes de usar;
- recomenda-se, ao menos uma, pela manhã;
- traga-o sempre consigo;
- atenção: não usar, por via das dúvidas, por via anal.

Precaução
- aos impacientes recomenda-se cuidado na
  manipulação. Foi observado efeitos delirantes
  nos pacientes.

Farmacêuticos irresponsáveis
　　　　rollo de resende
　　　　jane sprenger bodnar
　　　　fernando zanella

o relevo
indicando a presença
de seu sexo

onde more

onde quer que
— more! more!

rosa
não usa
zíper

rosa usa
botão

p/ bhorel

o menino
com sua flor
no púbis

a flor
com que
se perfu$_m^r$a

isto é meu corpo
quanto mais me tocas
mais me perco

na madrugada sem papo
chuto uma pedra
e era um sapo

p/ joão c.

transformar-me-ia
em árvore

terminar em folhas de outono
a tua lembrança

o motor do sol

por onde passa,
deixa as hastes dos ramos
mais tensas

príncipe,
quando se tem um grilo
nada de sopapo

:solte em si
o que for
sapo

p/ fernando

pedacinhos de cristal
pequenos o bastante
delicadeza do arrozal

todos os dias refaço a mesma rua,
nostálgico.
quero encontrar de quem arrancaram-me.
vivo imantado.

onde os olhos
não veem
os dedos penetram

misteriosos peixes noturnos
adernam sob as marquises

chove fininho
cavoucando delícia
quando nos deixamos beliscar

axioma

p/ jane

não brotam
enquanto voam
as sementes

noite
traças procuram
o que traçar

tao

p/ caco

nesse canteiro
de flores belíssimas
moram ratos

sou um anjo incauto
sou um blues man
sou líbero gergelim
: o nome desejado
para o filho
que mora em mim

Acervo pessoal de Marilia Kubota

água mineral

[1995]

Na fotografia, da esquerda para a direita: o editor Ricardo Corona, a escritora Marilia Kubota e Rollo de Resende. Acervo pessoal de Jane Sprenger Bodnar.

*a
jorge*

agradecimentos

marcos de souza, stella de resende, zé carlos & teresinha, pedro arthur, samuel & jane sprenger bodnar, eliana borges, luiz antonio corona, álvaro collaço, angelo vanhoni, verônica filipini neves, fabiana lopes, edu hoffmann, selma iara

toda coisa que vive é um relâmpago.

cacaso

toda coisa que existe é uma luz.

chico alvim

para quem estou escrevendo?
a quem ofereço a minha mão
e peço que me conduza?
olhar se esgota em sua busca.

de amantes

encantava
    a mina incrustada
de diamantes
      dos sete anões

a memória é uma mina

aí foi colocada a tua imagem
    (talvez seja onde agora mesmo vivas)
não cravado pelas paredes
    mas ainda docemente em
movimento

estava nublado e o sol
        só veio muito depois:
um dia, meu pai levou-me
        a uma roda-gigante
com a intenção de me mostrar
        o mundo.

onde você estava que não viu
o céu.
onde eu estava que naquele momento
não procurei ver
o céu
onde já se viu.
onde estávamos com a cabeça.

você percebe?
o céu não vai impedir.
não virá do céu uma força impedir.
não descerão dos céus hostes de anjos.

bucólica à santos andrade

sob os bougainvilles
contamos os sonhos que tivemos
um com o outro.
logo vem uma amiga
e um outro mais
de macacão de listrinhas
que sorri o tempo todo
e diz mil frases simpáticas
se lhe perguntamos se vai bem.
embaixo dos bougainvilles
contamos sonhos,
falamos de amigos que se ausentaram,
contamos dinheiro.
ela anota o sonho,
eu me estiro no gramado,
a colorida mochila como travesseiro.

o vento do mar no meu cabelo como algas.
se estivesses mais perto,
                              o amor do meu flagelo.
pisca o néon do plâncton,
você nem sabia que existia.

esta praia no inverno

sei da fosforescência do amor,
                           sua aproximação
agitando as ondas,
letras d'água que estouram.

este inverno na praia

quando éramos crianças
usávamos azul-marinho
na escola

eu ainda não conhecia
o mar

transferindo as prateleiras de promoção
da livraria curitiba para casa.
um filão.
logo mais, o chá fumegará
enquanto folheio tais aquisições.
ainda à tarde, a água mineral transpirou
e bolhinhas, como pequenos peixes limpadores
se detiveram no vidro.
não estava só.
quanto à possível cena de ciúmes que se faria,
deixei uma rosa em mãos
e saí correndo,
me desvencilhando de setas oculares.
vazando gás, me propus:
tudo o que tentar me solapar, me livro expirando.

dizer umidade é pouco:
chove chove
três mulheres e um carrinho de papel:

na subida, a mais gorda
                              vai à frente
enquanto a mais magra e
                              a mais menina
empurram-no atrás

trabalho sobre o que se deteriorou?

no meu bolso
o menor papel
onde se lê
um endereço
escrito pela bic
da vendedora de
cachorros-quentes.
coisas que só de noite.
correr o mundo
e acabar sempre
passando pela XV.

um segredo meu
é um segredo do mundo

enumerando coisas independentes?
:a componente sádica dos dentistas
:pivetes mostrando seus pintinhos
 quando passamos de carro na avenida
:ser a versão longínqua de meu pai
 segundo jane
:o acorde apocalíptico das cigarras
 no fim da tarde

qualquer revelação mínima
é uma revelação do mundo

encontrá-los empoeirados
habitando uma sala em promoção
esses livros.
poder enfim lê-los
porque até então
era ouvir falar, ouvir falar.
folheá-los no 21,
água mineral com gás e caquis,
na mesma posição
que um anjo de Dürer
:uma das mãos apoiando
o rosto
enquanto a outra
se esquece escrevendo.

visitando a cozinha
de madrugada,
flagrei movimentos suspeitos
atrás do copo sujo de leite,
lancei um copo cheio d'água
— desculpem, formigas,
eu pensei que fossem baratas.

pela décima vez tento escrever-lhes:
metal também adoece.
vejam estas formas de pão
após deixarem o forno
minadas de ferrugem.
palavras se escoram umas às outras
e eu penso conquistar
territórios da linguagem:
— maizena vem de maíz, não lhe parece?
   thais thá é algo assim como
   gilberto gil, só que mais ao sul
   do alfabeto.

os taxistas jogam cartas o dia todo,
certamente, por causa da crise.
alguns assuntos retornam à pauta
formando nódulos nas frases.
oh por favor, o tempo se esgota:
eu preciso de táxis experimentais
que me conduzam ao amor.
vos agradeceria com o que posso
oferecer de mais íntimo e verdadeiro:
meus versos e minhas fezes.

para um ator, esquecido
seu nome

quando,
na manhã seguinte
você deixou a grande sala iluminada
e se retirou para um pequeno quarto
escuro,
porque não me levou
contigo?

na lapela de uma senhora
provavelmente crente:
"a tudo dai graças".
aos pulgões também?
tratei a pequena planta
com urina diluída em água.
aguardando.
se não houver melhora,
fumo-de-corda.
as palavras mágicas:
aqui a vida prontifica-se.
se algo ainda retarda,
nomes virão adiantá-lo.

escrever é o que mais posso
fazer de graça.

que os nós afrouxem
enquanto assisto a um filme
na grande sala escura do cinema.
estou tentando fazer
com que conheças a mim
através da linguagem, vês?
porta-voz.
estou para virar a página
e neste meio tempo
a vida é livrar-se de si.

lendo tradução portuguesa de rimbaud
: anacoretas, escaparates, disestesia, etc.
a cada página, aurélio ao colo,
várias visitas ao dicionário.
isto é para alimentar a língua,
eu diria.

naquele início de década,
fomos versáteis e ecléticos.
oh deus! até hoje peço-vos
um bom violinista que me acompanhe
tornando-me, além de panificador,
também um cantor de blues.
enquanto isso, perder-se olhando
esses rapazes, seu desvario
em esportes com bola,
a forma esférica:
sua evolução no jogo
como nas coisas da vida:
paulo passa a bola para alice,
trabalham bem em campo.

irremediável terei, noite adentro,
um choro convulsivo,
uma sessão inesquecível de música,
a lembrança de meu pai parar o carro
para que eu catasse cristais
na beira da estrada.
o inventário das coisas,
como aprendi com adélia.
uma língua de amor desaparecida:
pupi, réc réc, bobi.
a impressão de escrever como
uma velha mulher
aguardando encerrar um poema assim:
retornar ao comum me enternece.

todas essas pessoas querendo saber
o que se passa consigo
alojado em seu sangue.
aguardamos que sejamos chamados,
indicados a pequenos boxes
(um deles é todo decorado com
calendários de bolso) e cedamos
amostras de nosso inapetente sangue.
eu desejaria ir, é claro, com
a garota do box decorado.
seus dentes avançam boca afora
não insinuando sequer um sorriso.
acabo sendo chamado pela moça
de cabelos presos, sua vizinha:
— o próximo.

ajeito o espelho retrovisor
e flagro,
daqueles dias de teatro obcecado,
um poema não escrito ainda:
"quando, na manhã seguinte..."

colapsar de uma luz que surge
não se sabe de onde
imantando fatos.
como este:
– lenços de papel no espaço
    que por um segundo
        e para a eternidade toda
        foram pássaros.

stella me quer um andarilho.
diz que
com lenço de batik na cabeça
            pareço um andarilho.
um que ela conheceu
            no trem para corumbá
e que come goiabas com ela
na plataforma,
        segundo uma fotografia.

                    claro,
                um andarilho.
por mais que permaneça aqui,
estarei sempre
                só de passagem
enquanto
a luz do sol ah! tingir-me.

onde estou
: perfeita almofada porta-alfinetes,
assisto à translúcida chuva
de agulhas.
vêm umas, inclusive, como l. sinais,
de uma mulher do interior do sul do país:
"é eterna a vida do poeta."
redescubro formiguinhas do ano passado
no canto de uma página:
redescubro formiguinhas do ano passado
no canto de uma página:
te amo   te amo   te amo.
nos encontramos
      para balanço:
— não havíamos concordado até agora
que a vida é
      um milagre?
mais do que a certa mistura de ervas,
arroz integral
ou contagem de linfócitos
é que devemos isso.

para Leonard Duck

De noite fui recolher as roupas do varal
e disse:
— acho que estou apaixonado.
estou aprendendo a abraçar.
a lembrança de um particular abraço à tarde
e seu mormaço.
são dois homens diversos:
um deles cético,
outro parece em tudo crer.
"... um homem ao amar outro homem
   pode vir a ficar de joelhos."
e a lição:
este poema não precisaria existir;
mas como quer o encontro
do caçador e sua caça
na densa floresta da noite...

Peixes de aquário
não sabem
do mar

flores sexos frutos têm a mesma beleza.
mística não possui fórmulas
ainda que me peças rimas.
o momento em que se atrai uma melodia:
a carta de minha mãe que diz:
"ainda hoje, olhei para a minha barriga,
ou melhor para a cicatriz da operação
cesariana e percebi que ela também
já vai fazer 25 anos!"

a mim,
flores do cosmo!

penso obstinadamente
(ou são elas próprias insistindo)
em coisas destituídas de carinho:
móveis de um quarto de hotel,
casa de estudantes universitários,
os olhos mortificados de
          isac nunes cordeiro.
alguém tocou-me uma das espáduas
e deu-lhe este belo nome:
              asa.
aqui onde medito,
profundo armazém no qual prossegue-se
o divino moldar humano,
tanques de proveitosa argila íntima.
"no verso final vos toco"

camisas brancas e sobrelençóis
começaram a haver em nossa casa
após sua passagem
e como a origamis de pano
          dobrava a borda por sobre
as cobertas.
lembrança de camas
refeitas no chão com os colchões do beliche.
o que seria de nós.
agora,
      vir embaixo de umas árvores escrever
"vir embaixo de uma grande árvore escrever".
estilhaçar de pinhas
: de um mesmo centro de gravidade
   estes versos,
                sorveres, aspas
                              e paz,
vertidos.

para cido

existência,
me dá condições de continuar revelando
um detalhe despercebido,
algo que se escondeu, não por maldade
mas por brincadeira.
ainda sou o sexo.
tenho a impressão de ouvir você dizer:
— precisamos elaborar isso.
no entanto, ambos movendo-se
à superfície
pelo medo de ir a pique.
nada grave,
só a ausência, ainda, de se poder dizer:
— onde está tua vitória, oh morte?
à noite, afundam-se um pouco,
impossível permanecer boiando
pois hoje
"a lua é uma espada".
então você sorri.

fazia alto verão aqueles dias
tanto que a frutas secas
recendíamos.
após tardes descuidadas de praia
éramos descascando-nos,
trocando de pele,
depois da discussão e da
           ressentida despedida
que encontro pelo chão do quarto
(quase a isto deixando de parecer)
a filigrana de sua pele.

vamos ver se descobrimos
        as palavras mágicas:
— fiz um bolo. ontem foi meu aniversário.
nem tudo pode estar assim resumido:
os olhos, o bigode e as meias verdes.
colagem, baby, colagem.
os piscianos têm olhos de médium.
machucando insidiosamente o limão
                        eu disse:
— eu também.
escrevendo bilhetes e dobrando
                        infinitamente
tente invalidar o irrevogável.
"esta diarreia seje momentânea".
dobra também este poema.
se ainda entra algum sol pela janela.
nem tudo pode estar assim consumado:

peixes de aquário
podem vir a saber
do mar
através de sustos, cismas,
miasmas
ou ainda, os símbolos
primitivíssimos que ascendem
no tempo
registrados em suas
pequeninas células
ictioplásmicas.

sempre será tempo de se
　　　　　encantar com nomes:
fósforo,
　　　paráclito,
　　　　　　stella.
glória aos vocábulos,
　　　às mandíbulas
e mais ainda
ao que, escrito, anima como chama.

aninhado no colo original,
　　　eu canto.

o mar, aqui, fazer permanecer
serra acima
a muitos km do mar:
ilha de terrível sede.

quando chegarão
os botijões de gás?
não escreveste nada
do que te ocorreu
na tua caderneta
o dia todo
todo o mês
e mesmo um ano se passou
e nada

ouvimos os vocativos
da parábola
e, a postos,
transformadas em pertences
as palavras

compôs o que parecia ser
uma ponte levadiça
e permaneceu boiando
no quarto de águas
toda uma hora
uma noite inteira
semanas
ouvindo um disco riscado
de chopin

triste, nos fins de tarde
com uma água mineral c/ gás ouro fino.
tua ausência não se dissipa.
você que considerava haver de mais charmoso:
encontrar-me só, bebendo água mineral,
e esses livros.

há dias que nem sinais de deus

para Sylvana

pas de deux,
na falta de quórum
tem sido solo mesmo.
como alguém que
não tendo uma das mãos
fica segurando seu toco.
na falta das asas,
apalpamos nossas espáduas,
saudosos.
um consultório poderia estar
resguardado das leis do karma?
subiremos montanhas sagradas.
desceremos as escadas do metrô.
eu lhe disse tantas vezes:
a vida é pródiga em inesperados.

para HL

meu doce amor
sal da vida,
êxtase do domingo, após a feira.
desça de seu esconderijo entre as estrelas.

te introduzo nesta canção,
desde já,
para que não haja mais motivo de cancelá-lo

as florinhas roxas do poejo.
a quem agradeço os poemas que me interpelam?
enquanto cozinho, um convite
para santificar-se.
à noite, desço a XV.
abordo em bom tom e posso vir a embarcar.
falsifico a pressa.
estou caçando.

procuro mesmo são por uns olhos que me ceguem.
que amor matou a minha sede sua?

novamente permear outra música.
um instante só. ou
sideral

desvencilho-me de uma gueixa,
surge outra.
enojado de tê-la, essa última,
úmida em minha boca.
quando seu hálito atingiu-me,
não houve tempo de gritar
um encantamento.

gueixa sou eu, gueixa sou eu

nunca haverá correio mais denso
do que aquele com joão.
o objeto mais macio do mundo ainda é
o seu membro envergado.
posso caber na terna confraria
                    de walt whitman?
sou o ancestral de dez mil criaturas.
a boca da deusa kali.
a poesia palpitando, salvífica.

estou tocado.
passo os tickets
e estou fadado a estranhos voos.
aonde nos leva nossa dança de himenópteros?
fuçamos a XV − voyeurs das 17:30 às 19:00.
após começamos a topar.
alternando sol de rachar e tempestades,
sete dias.
cheiros deixados:
incenso e resíduos de creme em panos íntimos.
morde a vida inteira a minha própria
língua.

— incomoda-me lembrar tanto de você.
a memória excitada através de perfumes
capturados pela casa.
sou clarinalante.
ouço tua voz atrás de mim, como que em off,
traduzindo baudelaire.
os "rosa bubis"
: existe essa coisa de um fazer algo pelo outro?
depois de não perder uma, coração se estafa.
agora, quer pousar: sagrado e incandescente,
dedinho apontado sua fria chama.

as chaves, meu amor
as chaves
suspendidas tilintando
sobre um abismo

quando te anuncias

as andorinhas de lins evoluindo
acrobaticamente
enquanto e também
o motorista do ônibus desnuda-se
para o pneu
seu tórax surpreendente,
pequeno hércules da região.

quando os homens
(compactuantes pela força e iniciativa)
finalmente embarcam,
está trocado o pneu.
o motorista pode lavar-se.
alguém compôs uma camisa branca para
comportar seu peito nu.

todos os dias
refaço a mesma rua,
nostálgico.
quero encontrar
de quem arrancaram-me.
vivo imantado.

pode ter saído de um romance de pasolini
(um dos seus "ragazzi de vitta")
ou de um poema de konstantinos kaváfis

mas não,
veio a mim aqui mesmo do lado de fora da vida
e mais,
na verdade iria ao encontro de qualquer um

adoro as desculpas de disponibilidade:
— perdi o último ônibus.
então, e por enquanto, sobre a minha cama
um avião dispara contra a boca
de uma caverna.
noutro dia, às 9 da manhã estou tocando.
pensava ter encontrado algum bálsamo.

fraternidade das espadas

dois adolescentes urinando
ao redor do mesmo vaso.
serão flores másculas
ou pequenos machos florescendo?

caquis.
caquis de outono.
pequenos como que saídos de cloacas.
doces frutos por certo parentes do tomate.
toma.

o moço debruçado sobre a caixa registradora.
este bar é minha terceira casa.
porta-tacos a cadeado.
os tacos.
os homens a manejá-los como extensão de seus
próprios pênis.
as caçapas rendadas.
o verde veludo e a luz que se debruça sobre
cada equipe.

jazz sobre nossas cabeças.
velhas cantoras de jazz
entrecortadas de quando em quando por
diálogos exaltados num crescendo súbito.

música de tacadas.

companheira de viagens,
fomos à ilha, a minas,
ao pantanal
mas precisávamos terminar
o roteiro
ao redor de nós mesmos.

companheira de viagens,
vem ser
companheira de vigílias.

não há no outono o que te contente.
um amarelo de folha sem seiva,
água de fonte na concha da mão.
eu mesmo, amarei poucos.
me verão, raros.
revolver a casa
atrás de conhecer o que ela guarda.
um fim de tarde para sempre lilás,
nada mais pôde existir agora.

O Homem Que Se Retira.

como deixar tais venenos inofensivos?
: os empresários querendo lucrar 1000%
: a pequena pílula marca "wellcome"
: retinite

exames de todo tipo
inclusive exame de consciência
e o confete médico
"paciente lúcido, bom informante"

por enquanto não sou o homem das lonjuras.
então, rendo graças a esses objetos
que agora me deixam:
a colher de pau quebrada ao meio;
a panela de barro rachada, vazando sobre
o fogo;
a mochila que devolvo ao tião, esgarçada.
tudo isto
transforma-se
no livro
que não é

me livro

anjo em guarda
nenhuma haste tua
que me absolva

deixa supor
que nos salvaremos
depois

na hora
do poço
do elevador

esta folha de plátano
você longe do meu olhar

outono

para Isac

tampouco perdura
mas considere:

qualquer transeunte
pela tangente
pode vir a ser
seu amante

estou nas últimas reservas
                    das sementes.
caminhando ao largo desta rota:
"... meu amor, pasqualone, ri..."
eu adquiri uma alma
                    violácea neste cansaço.

logo à frente,
                    dou meia volta vamos ver,
                        e refaço os gestos
de algumas cenas perdidas.

o que se quer que repercuta?

eu já estou
na palha das sementes

uma flor
de lótus

[1998]

Na fotografia, da esquerda para a direita, a família Resende: José Carlos, Teresinha, Rollo e Stella. Acervo pessoal de Stella de Resende.

Poemas inéditos, em viagem ao mosteiro.

*"... após o ofício, permaneci em recolhimento
e experimentei o Silêncio."*

I

6 km de estrada a pé.
3 carros passaram. e não deram carona.
então uma placa:
"vende-se mel puro no mosteiro"
e outra:
"mosteiro trapista nossa senhora do novo mundo".
por uma estrada ladeada de eucaliptos
e pinheiros, por algumas colinas.
ao chegar, toquei uma campainha, onde se lia:
"portaria".
pela porta de vidro, vi um monge deixando o banheiro.
cumprimentou-me.
e adentrei nesta pequena sala, profundamente
perfumada (logo reparei a que recendia)
por bolachas e bolos de frutas secas e castanhas.
produção própria.
me apresentou a um outro monge, o hospedeiro.
sotaque inglês. sorria quando eu sorria
enquanto conversamos.
cela 03, a palavra me assustou.
era um quarto com cama, pequeno armário sem portas,
mesinha para estudo com abajour.
(de onde escrevo agora, enquanto entre uma frase
e outra, olho para o bosque pela janela à frente,
onde tudo está parado e em silêncio
como que concordando com o que aqui buscam
os homens.
só ao longe alguns eucaliptos dançam.)

II

estamos em três rapazes na hospedaria.
um capixaba e outro inglês
nos serviram almoço à parte dos monges.
comia-se rapidamente.
vegetarianos.
enxugamos louças.
a capela é belíssima. teto piramidal,
penumbra convidativa ao recolhimento e
duas lamparinas acesas,
uma ao lado do Santíssimo
e outra ao lado de um quadro
que presumo representar n.s. do novo mundo.
enquanto comíamos, alguém leu para nós
(ouvimos por uma caixa de som) um texto
sobre a morte de são francisco de assis:
"... pasteizinhos de amêndoas..."
amém.

III

ainda conversando com pe. francisco,
o monge hospedeiro, comentei que fazia
tai chi chuan.
alguns meses atrás, disse, aqui esteve um casal
que também fazia.
perguntei-lhes os nomes.
Oh! mistério de sucessões inexplicáveis,
eram o meu mestre e sua companheira.

IV

acordamos às 3:00.
jorge, o capixaba, bateu na porta:
"tá na hora".
na capela, orações e salmos em baixo profundo,
o que acentuou ainda mais o tom solene,
nossas vozes recém-acordadas.
após o ofício, permaneci em recolhimento
e experimentei o Silêncio.
"... a música calada,
a solidão sonora..."
quando saí, já estava claro.
passei pela portaria
e lá estava pe. francisco entre bolos e bolachas.
serviu-me seus olhos claros
e a conversa transformou-se em confissão.
lucas cap. 15, a divina misericórdia e
o filho pródigo.

V

pensei ter visto algum azul?
o céu nublado.
pensei ter visto algum azul.

VI

a g0ta descend0

    pel0s el0s da c0rrente

VII

gregório, o inglês, preparava um chá.
tomamos na cozinha conversando sobre poesia.
trouxe uma antologia da língua inglesa:
m. moore, whitman, auden, cummings, eliot
e outros.

VIII

fim da tarde, pintando azul.
cochilo após o almoço, peixe com cenoura,
sonho com papai.
os salmos são de uma beleza trágica.
salmodiaai!
após a última oração da noite, às 19:30,
pe. francisco me chama e conversamos
em frente da capela.
convida-me a voltar ao mosteiro.
a confissão fez com que eu me abrisse
e confiasse nele.
ele agradeceu a confiança.
a caminho da hospedaria,
um céu cravejado de estrelas de presente,
como uma graça recebida.

há um sentido
que transcende todos os símbolos.
oh humildade para se conviver com
estes mistérios ineficazes em signos.
Uma casa foi construída com tábuas
de uma outra.
Ficou uma casa listrada,
cor-de-rosa e verde-abacate.

essas palavras não são novas,
você certamente já as viu
em algum outro momento

agora são estas listras de frases.

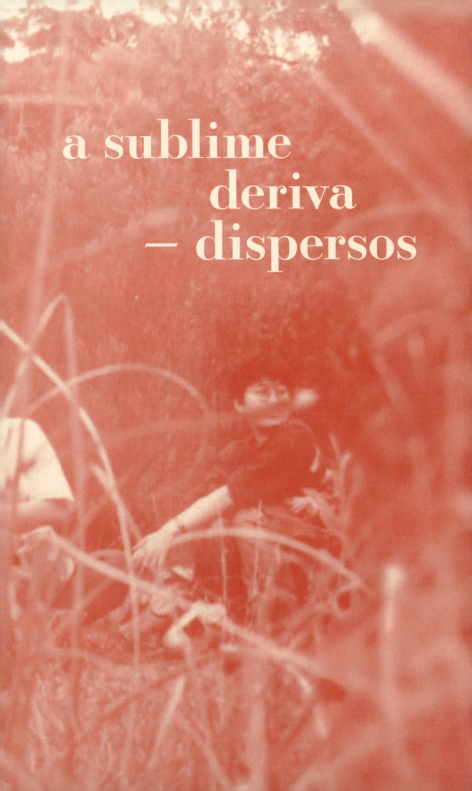

A sublime deriva é o título da seleção de poemas feita para o jornal *Nicolau*, em 1991. Na biografia de Rollo de Resende para a antologia *Os poetas 4* (1993), consta como o nome de uma publicação nunca concretizada. Nesta parte, estão reunidos poemas extraídos de antologias e jornais, bem como algumas plaquetes que Rollo vendia na Feira do Largo da Ordem, em Curitiba.

Na fotografia, da esquerda para a direita: Rollo de Resende, Selma Iara Brockelt, Jane Sprenger Bodnar, Stella de Resende e Marilia Kubota. Acervo pessoal de Stella de Resende.

: jornal nicolau [1991]

a sublime deriva

Agora o caos
não acusa mais
o coração

stella de resende

teresa de ávila e maria sabina
alcançaram seus livros de êxtase.
eu corro aqui, eu discorro.
meu duplo cobre minha vida solta
entre relâmpagos de mortiça luz poética.
ainda assim,
o que compõe
são esqueletos para os acontecimentos.

quando terei o livro vivo?

o sol agoniza
a boca chupa ávida
a vida

um segredo meu
é um segredo do mundo

enumerando coisas independentes?
:a componente sádica dos dentistas
:pivetes mostrando seus pintinhos
 quando passamos de carro na avenida
:ser a versão longilínea de meu pai,
 segundo jane
:o acorde apocalíptico das cigarras
 no fim da tarde

qualquer revelação mínima
é uma revelação do mundo

penso obstinadamente
(ou são elas próprias insistindo)
em coisas destituídas de carinho:
        móveis de um quarto de hotel,
casa de estudantes universitários,
os olhos mortificados de
        isac nunes cordeiro.
alguém tocou-me uma das espáduas
e deu-lhe este belo nome:
        asa.
aqui onde medito,
        profundo armazém
no qual prossegue-se o divino
        moldar humano,
tanques de proveitosa argila íntima.
"no verso final vos toco"

pode ter saído de um romance de pasolini
(um dos seus "ragazzi de vitta")
ou de um poema de konstantinos kaváfis

mas não,
veio a mim aqui mesmo do lado de fora da vida

e mais,
na verdade iria ao encontro de qualquer um

fim do dia
a luz alonga
a sombra

grande lago
o salgueiro atende à placa
proibido entrar na água

as andorinhas de lins evoluindo
acrobaticamente
enquanto e também
o motorista do ônibus desnuda-se
para o pneu
seu tórax surpreendente.
pequeno hércules da região.

quando os homens
(compactuantes pela força e iniciativa)
finalmente embarcam.
está trocando o pneu.
o motorista pode lavar-se.
alguém compôs uma camisa branca para
comportar seu peito nu.

por enquanto, não sou o homem das lonjuras.
então, rendo graças a esses objetos
que agora me deixam:
a colher de pau quebrada ao meio;
a panela de barro rachada, vazando sobre
o fogo;
a mochila que devolvo ao tião, esgarçada.
tudo isto
transforma-se
no livro
que não é

me livro

: feira do poeta [1991-1993]

até que a rosa
subitamente despetalasse,
o quarto permaneceu
um deserto de móveis

maravilhosa
a mobília da rosa
dispersa, o labirinto
de pétalas desfez-se

no fim do dia,
grave e grávido
uma tela instalo, esta
na pétalacoteca

(1991)

18

nesta ilha,
não deixarei meu nome sobre a pedra
nem trouxe tinta
não desejo nenhuma supremacia
sobre ela.

deitado, ao sol, com joão
uma manhã inteira,
as marcas na pele são
quando a pedra deixa seu nome
em nós.

(1991)

um poema
por dia
com amor e alegria
:
amanhã bem cedo
eu resolvo
o medo

(1991)

preciso de um calendário
      uma caderneta
comprar sal grosso
      linha branca
encontrar pelo chão
         clips
    botões
lascas de unhas
    fios de cabelo
para que a poesia
       arma zen
   aconteça

(1991)

revolver azuis
ainda que leias
lás

(1991)

VI

as chaves, meu amor
       as chaves
suspendidas tilintando
       sobre um abismo

quando te anuncias

       (dos cadernos de viagem)

                              (1992)

ardendo de lume
em algum lugar
          distante

dissipado o foco
de onde provém
          sua luz

agora chega aqui
fica assinalada
          na página

no escuro breu
das negras letras
          deixa star

                              (1992)

branca luz
alguns leem
sóis

(1992)

noite de verão
a orquestra que se ouve —
uma rã no poço

(1992)

foto-célula
recolhendo feixes
de luz

golpes de vista
que tiro de letra

peço à vida:
− psiu! me dá?

(1992)

Tao

Neste canteiro
de flores belíssimas
foram ratos

(1992)

músculos minúsculos
a solitude da aranha
alimentando a trama

(1992)

serei feliz
com o giz

com o grafite
acredite

dê-me a bic
e a tinta estique

parker
para quê?

se o laser
nos fará ferver

ou a olivetti
que lhe compete

escrever
é uma forma precária
de fazer um filme

(1993)

eu não sou só
sol
e você me assombra

ofereça a outra face
à minha cara
e não será à toa

labirinto de pétalas
como desvendá-la
a sua pessoa?

(1993)

                  as domesticadas pombas
                       vêm ciscar
                       aos nossos
                          pés

a vida passando
a vida passando
a limpo

a não ser quando
uma pomba lança
sobre nosso bombom
a bomba do seu
pequenino estômago

                                              (1993)

há dias que nem sinais de deus

pas de deux,
na falta de quórum
tem sido solo mesmo.
como alguém que
não tendo uma das mãos
fica segurando seu toco.
na falta das asas,
apalpamos nossas espáduas,
saudosos.
um consultório poderia
estar resguardado
das leis do Karma?
subiremos
    montanhas sagradas.
desceremos
    as escadas do metrô.
eu lhe disse tantas vezes:
a vida é pródiga
em inesperados,

(1993)

: os poetas: antologia de poetas contemporâneos do Paraná [1991-1996]

Reginaldo "Rollo" Possetti de Resende

leão de perfil.
poesia expandindo a ponto de
desejar imagens.
por isso, também exercito a plástica.
e uma espécie de
culinária: pães assados por mim,
romãs (o livro 1º),
museu do botão.
sofrer e fazer com que outros
sofram oficinas poéticas.
meio ambiente interno.

um release.

(* cambará 15/08/65 gêmeos
ascendendo no horizonte)

(1991)

por enquanto, não sou o homem das lonjuras.
então, rendo graças a esses objetos
que agora me deixam:
a colher de pau quebrada ao meio;
a panela de barro rachada, vazando sobre o fogo;
a mochila que devolvo ao tião, esgarçada.
tudo isto
transforma-se
no livro
que não é

me livro

(1991)

o orgulho e o ridículo de deixar bilhetes
pela casa e viajar:
"preciso da tua atenção"

quando definitivamente desembarco, me prosto no quintal.
o maracujá sobe o abacateiro,
confundem-se suas folhas de um mesmo verde carregado.
grilo pousa na minha calça.
por ventura, serei mais confortável que
                              uma pedra? ou
                              um ramo? mas
— repousa

agora sai grilinho
que eu vou me roubar este poema

(1991)

intimidado

a xícara sem asa
fica para os da casa

(1993)

o amor
me examine

oxalá
fotografias não
sucumbam a vírus

a dança
dos pés de shiva
sobre meu peito

o amor
me pulverize

(1993)

já fui sal, cauda de pavão
deixei de ficar pra semente

pai de alguém, falar japonês
nessa não vai dar, minha gente

mas nessa não vai dar mesmo
volta ao mundo, campeão de audiências

eu fora de um dentro de outro
meu bem, que só eu, só eu, agora, a esmo

outro dentro de mim, fora
só nós, agora, pelo avesso

por fim, fiquei sendo só: um fio
de cabelo no teu paletó

(1993)

astros dividindo-se
ininterruptamente
a partir da criatura

como se numerar
ou nomear pudesse
estes inúmeros sóis

do corpo ao quasar
luzes se sucedem
inevitável sucesso

por fim, dúvidas
de que negro tenha
sido o universo

(1993)

o papel concede,
entre outras coisas:
grata aceitação pelos traços
e traças.
me arremesso contra o campo branco:
— poupa tua pedra, homem!
e ele, cruel:
— o papel aceita tudo.

sendo assim,
ofereço a outra face
do papel.

(1993)

polaco loco paca II

o polaco negava-se a sentar,
dizia que preferia ficar
em pé no corredor do ônibus
porque era forte, não se
iludissem com sua idade,
era forte. e virou para o
rapaz sentado ao meu lado:
— deus-pai dorme?
e desfiou uma ladainha de
ervas, dizeres e simpatias
porque tinha o corpo fechado,
nele ninguém colocava os
olhos gordos, a casa toda
protegida. arrumou uma
namorada, ele era tão
trabalhador que arrumou uma
namorada. só que morava longe,
então a via no sábado, depois
de tomar o ônibus pra lapa,
descer no frigorífico.
— ela usa joia.
víamos aspas em tudo o que
o polaco dizia e por um momento,
sem ser áspero mas liberando
um avião vermelho de losangos,
ele disse:
— fiz "saxo" com ela.

(1994)

o deserto de sinais

estamos voltando para grifolux.
miriápolis não dava mais.
juntamos nossas coisas
    e atravessaremos o deserto
    de sinais.
é verdade, aprendemos muitas canções
    em miriápolis.
mas quase esquecemos como lateja
    o vivificante sol de grifolux.
deixamos convivendo no cercadinho:
    brutos e mansos de coração,
    vales e montanhas,
    relicários e estantes de tábuas
    e tijolos,
    claridade e a escuridão.
como quando
    dentro da noite do espírito
    pingasse uma gota de bem-aventurança.
viver esta sede
    era o que nos possibilitava
    ao meio-dia
    ouvirmos noturnos de chopin,
com alguns amigos escrever
    o guia do amor descomplicado,
permitir à vida que nos comovesse
    enquanto assava-se pão
    para toda a semana.
agora chovesse sobre miriápolis,

      tamborilando em vasos e latas no quintal
enquanto nos distanciávamos
      indo para grifolux
      onde sobretudo sabíamos florescer
o jardim de si.

(1994)

o especialista

deixe sua cobra
com quem entende
de manobra

deixe seu elefante
com quem entende
de gente

(1994)

ele entorta a boca para melhor
    poder morder sua gengiva.
rói as unhas, pequenas cinco luas
    em cada mão, tão logo elas despontam.
quer morar em igrejas vazias,
    anda de tênis de borracha pelo
chão da catedral.
    ele gosta de papéis, sinais vindos
do céu e palavras.

ele aviva.

(1994)

papoulas

a noite dentro de mim
a noite quando fecho
                    os olhos

esta noite
mesmo se é meio-dia

as pálpebras cerradas
seus cílios crescidos

o buraco causado
por esta noite adentro

o buraco para que ali
enfie Deus as raízes
                de seu bulbo

(1994)

minha vida com Mif

perdeu-se no tempo
perdeu-se na data
a memória só registra vagamente
desde quando vivo com Mif.
não é de todo desagradável
afinal todos irão
um dia conhecê-lo.
cada um terá seu Mif
conquanto o meu já ande comigo.
se não estou agitado
posso ouvi-lo ressonando
e diz coisas como
luz dos meus olhos ou
meu amor minha manga bourbon.
à noite me coço, será Mif
me fazendo cócegas?

para uma viagem sem fim
partiremos eu e Mif.

(1996)

pela madrugada, o vento levantando papéis-carbono.
pela madrugada, alguém enfiando uma argola
                                em seu mamilo.
eu penso no poema dum lírico que morreu num
                                    hospital,
anônimo com um indigente:
"ir no seu barco para o fundo ou para a beleza".

de madrugada, tomamos o expresso e vimos
uns outros tantos, entornamos vômitos.
choveu, o ar está úmido e fresco,
e ainda assim engolimos a seco.
ilustres anônimos: a madrugada é nossa!
podemos ir cantando alto.

                                        (1996)

nunca irei escrever alguns poemas

... minha vida, meus mortos,
meus caminhos tortos...

entrava luz sinistra fim de tarde
pela janela branca.
aquele ali deitado achou ser
artificial essa luz
amarrados seus pulsos no estrado
de metal.
o caninho conduzindo gotas de alimento
líquido "ele já não comportava
o sólido"
os olhos mortiços os olhos foram
os primeiros a começar morrer
e os intestinos
intempestivos intestinos

tudo isto viu este que entrou
no quarto branco para dois
tocou a mão amarrada
e a mão se amarrou
ficamos os dois de mão dadas
enquanto via os olhos perderem a órbita
enquanto insistia na pergunta
e a resposta um
doce rosnar
— blasi, lembra de mim?

coberto com lençol pastel.
o doce relevo de seu sexo
eu não pude deixar de desejá-lo
mesmo as amarras o caninho
os olhos indo e vindo
a luz sinistra
você estava desejável:
eu quis que você vivesse.
esta era a promessa de nossa amizade:
um dia eu iria tocá-lo.

amor dos homens.

(1996)

cantamos e dançamos para que o deus venha.
um ovo nu. um ovni. a neve
que sem conhecer o beduíno pede.
um inseto efêmero nascido pela manhã
e que morrerá horas depois pede a noite.
uns olhos nunca vistos. avistamos terra
nestes olhos nunca vistos na tarde do
terceiro dia, que o deus venha.
eu poderia morrer em seus braços.

> que o teu coração saiba
> ....
> os deuses sempre vêm.
>
> (emerson, "give all to love")

(1996)

o dom

essas dálias me atraem com sua cor
vou polinizá-las com o meu olhar
eu não tenho as pequenas trombas dos insetos

(1996)

crônica

os frutos da paineira pesam como bagos.
pesados, pesados, apontam para baixo.
dali, quando maduros, nascerão nuvens.

(1996)

a arca

a palavra pescando o que não é palavra
(água viva, clarice lispector)

estou lendo um livro mas não me estou livrando
dele. cada página virada cobre-me uma camada
leve e resistente de *papier-maché.*
uma vontade maior me fala.
eu fico quieto ouvindo as coisas que devo
escrever. eu ouço com a ponta dos dedos.
eu também vou escrever porque preciso conhecer
o mistério que sou, o mistério que é toda coisa
viva, toda coisa que se move.
eu estou transferindo a biblioteca do meu quarto
para dentro de mim, eu estou mudando o mundo
para dentro de mim.
eu viajo. saio de meu país para encontrar
as melhores coisas para levar a dentro de mim.

(1996)

deitado no quarto escuro,
ouço as goiabas estourarem
na calçada de cimento,
pela manhã,
o calor faz com que haja
goiabas por todo lado,
pelo menos o seu cheiro:
decomposição doce.
são frutos de um pé doente,
tomo o rastelo e a pá
e irei juntá-los.

um pássaro canta nas grotas
desde a minha infância.
ouço seu misterioso canto
de duas notas.
eu mesmo canto
enquanto não choro todas as
histórias.

as goiabas não são um sonho

(1996)

: poemas fora da ordem:
prêmio caetano veloso
[1993]

**um segredo meu
é um segredo do mundo**

enumerando coisas independentes?
:a componente sádica dos dentistas
:pivetes mostrando seus pintinhos
quando passamos de carro na avenida
:ser a versão longilínea de meu pai
segundo jane
:o acorde apocalíptico das cigarras
no fim da tarde

qualquer revelação mínima
é uma revelação do mundo

o deserto de sinais

estamos voltando para grifolux.
miriápolis não dava mais.
juntamos nossas coisas
    e atravessaremos o deserto de sinais.
é verdade, aprendemos muitas canções
    em miriápolis.
mas quase esquecemos como lateja
    o vivificante sol de grifolux.
deixamos convivendo no cercadinho:
    brutos e mansos de coração,
    vales e montanhas,
    relicários e estantes de tábuas e tijolos,
    claridade e a escuridão.
como quando dentro da noite do espírito
    pingasse uma gota de bem-aventurança.
viver esta sede
    era o que nos possibilitava ao meio-dia
    ouvirmos noturnos de chopin,
com alguns amigos escrever
    o guia do amor descomplicado,
permitir à vida que nos comovesse
    enquanto assava-se pão para toda a semana.
agora chovesse sobre miriápolis,
    tamborilando em vasos e latas no quintal
enquanto nos distanciávamos indo para grifolux
    onde sobretudo sabíamos florescer
o jardim de si.

: V concurso de poesias casa do estudante luterano universitário

[1995]

procuro mesmo são por uns olhos
que me ceguem.
que amor matou a minha sede sua?

novamente permear
para outra música.
um instante só. ou
sideral.

: antese: coletânea de poesia [1996]

de noite
fui recolher as roupas do varal
e disse:
— acho que estou apaixonado.
estou aprendendo a abraçar.
a lembrança de um particular abraço
à tarde
e seu mormaço.
são dois homens diversos:
um deles cético,
outro parece em tudo crer.
"... um homem ao amar outro homem
pode vir a ficar de joelhos."
e a lição:
este poema não precisaria existir,
mas como quer o encontro
do caçador e sua caça
na densa floresta da noite...

jornal a notícia [1996]

sutras, mudras, mantras

p/ maria da penha

no natal, ela compra
copos, xícaras e calcinhas
para o ano todo.
eu serei o seu soldado
ferido de guerra.
ela põe a mão em minha testa.
eu quero ser guardado
em sua concha.
eu sou a doença de uma
concha.
eu sou uma pérola.

Fotografia de Júlio Covello

: dois e dois são cinco

marilia kubota

Alguns poemas de Rollo de Resende são como as canções de Caetano Veloso. Embora ele tenha escrito muitos poemas sobre amor e amizade, nada é explícito e dois e dois podem ser cinco. Há textos que evocam interlocutores, lembrando o viver coletivo na juventude, herança da contracultura. Também há fragmentos, travas, interditos, cruzamentos entre oralidade e escrita. E há os que celebram o homoerotismo, como os de seu livro de estreia, *Bem que se aviste racho de romã* (1988):

> a manivela do desejo dispunha os filamentos
> dos rapazes para cima
>
> ver como se utilizam
> dos lírios alheios
> até o mútuo desmaio

É uma poesia que, ao mesmo tempo, extravasa o desejo e o contém. Um dos elementos simbólicos de sua obra visual são imagens de passarinhos, nas falsas *ikebanas* – objetos poéticos compostos principalmente de sementes. Nos poemas, tais elementos são reativados, podendo assumir formas lúdicas ou eróticas:

> grãos de trigo
> que são para pães
> dados a pássaros
> de olhares blues

***

só por barro
tenho entendido
(toda) chuva
com esse disfarce impermeável
num atelier de asas
para pernoite

***

bem
que se aviste
onde pousa teu dedo
pássaro bicando
num
aplauso de asas

nem
uma pausa para gozo
na doce região
onde se adquirem as doenças
racho de romã

Angélicos e profanos, os seres alados de Rollo rezam "nove novenas para/ que o incêndio se recolha", a fim de conter o eclipse. A formação religiosa, nutrida na infância entre Cambará e Foz do Iguaçu, aproxima-o do paradoxo de Adélia Prado: entre a fé e o desejo, o que é mais forte? Para Rollo, o paradoxo se resolve no desafio de explorar o corpo tabu: falo, seios, rachos, púbis, pintinhos.

A transgressão é o legado da poesia marginal, o último rebento do Modernismo. Depois da revolução do "é proibido proibir", herança de maio de 1968, a lagartixa larga o rabo sobre a Cruz do Pilarzinho. Rollo prefere evangelhos apócrifos: escritos de Roberto Piva, Ana Cristina Cesar, Glauco Mattoso, Caetano Veloso — ídolos citados numa espécie de índice onomástico em seu primeiro livro, que agrega afetos, imitando *A teus pés* (1982), de Ana C. Publicizar o nome dos afetos é outra estratégia de sua poesia, cantando amores cotidianos.

No período que sucede os anos de chumbo, o erotismo emerge como uma forma de micropolítica. No abre e fecha da ocasião, anjos-poetas tanto se ferem quanto exalam o aroma de flores:

> o menino
> com sua flor
> no púbis
> a flor
> com que
> se perfu$_m^r$a

Assim, a felicidade clandestina é o modo de amar entre frestas: "chove fininho/ cavoucando delícia/ quando nos deixamos beliscar". Já o lúdico cria a possibilidade de se enfrentar um cotidiano impossível:

> sou um anjo incauto
> sou um blues man
> sou líbero gergelim
> : o nome desejado
> para o filho
> que mora em mim

A poesia de Rollo tem excessos de um artista que não conseguiu terminar sua obra, que não conseguiu vê-la refletida no receptor para depurar a linguagem. O verso ultrapassa a cadência do ritmo, a concordância verbal fere a norma culta; há advérbios e adjetivos demais.

E o poeta, grande leitor de poesia, era melhor ouvinte de vozes da rua — vozes que inundam seus poemas. É uma felicidade para os críticos a espontaneidade e a ingenuidade não terem sido higienizadas por uma revisão acadêmica ou editorial.

Por fim, da poética não podem ser extirpadas citações à doença que o levou, nem os amores que causaram a *mauvaise maladie*. Mesmo tratando de temas considerados tabus até os anos 1990, a sabedoria lúdica o fez deslizar para o território da alegria.

A alegria é que fez sobreviver a poética, depois de quase 30 anos de sua morte. Viva a poesia de Rollo! Vivos são os versos dos que morrem por suas paixões.

outubro, 2022

Marilia Kubota é escritora, jornalista e mestra em Estudos Literários pela Universidade Federal do Paraná. Autora dos livros de poesia *Esperando as Bárbaras* (2012), *Diário da vertigem* (2016), *Velas ao vento* (2020) e *A voz dos ares* (2023) e do livro de crônicas *Eu também sou brasileira* (2020). Curadora das coletâneas *Retratos japoneses no Brasil: literatura mestiça* (2010), *Blasfêmeas: mulheres de palavra* (2016) e *Um girassol nos teus cabelos: poemas para Marielle Franco* (2018). Atualmente, é organizadora do Clube de Leitura Mulheres Asiáticas.

: amanhã bem cedo
eu resolvo o medo

francisco mallmann
junto de rollo de resende

rollo,

margeio a solidão e escrevo uma carta para você — *a quem ofereço a minha mão e peço que me conduza.* estou longe de curitiba e não me lembro de nunca ter estado tão perto. falo teu nome em voz alta e penso no meu encontro com suas palavras. é com elas, agora, que me implico, como se inventando para nós uma estadia onde é mesmo possível dizer *nós* — essa palavra cheíssima e oca, ventania e futuro, reivindicando circunstância e invenção. imagino nossos corpos se movendo na página — porque fazer corpo, para mim, é parecido com fazer escrita — e desconfio que, para você, também. o desejo de inventar alguma emancipação, ainda que, às vezes, ela seja tão contrária ao gesto de *dar nome. fazer corpo* e *fazer escrita* parecem mesmo contraditórios para quem prefere acariciar o mistério sem o domar. eu imagino. eu tateio. eu misturo. eu me crio, te criando. *eu não sou só.* eu tramo *os meios de nos tocarmos.* eu tranço os nossos cabelos. eu sei que as palavras entram na corrente sanguínea, porque eu sei que as palavras fazem vida e morte e vida e morte e fazem — eu te li. e você morreu na década em que eu nasci — *eu quis que você vivesse,* mas não é assim. não é assim o tempo daquelas que sabem que é espiralado isso, que nos fizeram acreditar ser retidão. é pela não linearidade que me irmano a você. porque fazer irmãs, amor e confidências não é e nem pode ser pelo tempo da brutalidade. estamos nós, dedicadas a criar algum lugar para nossas existências sem lugar. e parece que é na poesia que *alguma coisa acontece.* aqui, rollo, oferto a você quatro movimentos que fiz ao te imaginar. eu quero que você viva.

I
quero encontrar de quem me arrancaram

começa com um telefonema de desirée dos santos e julia raiz. acho que desi ganhou da mãe de uma aluna seu *água mineral.* elas me chamam e dizem pelo telefone alguns dos teus poemas. nessa noite não durmo, pensando nos versos. acho que senti febre e às 9h eu abri, com o próprio dono, um sebo da treze de maio onde encontrei um exemplar do que eu havia escutado algumas horas antes. saí correndo com o livro nas mãos como se alguém estivesse me esperando chegar. era eu. porque sem saber eu sabia que nada nunca seria como antes, nada nunca foi, nada nunca é. então, era assim: eu corria para me encontrar comigo e com você. na cidade em que a gente viveu, vivia e segue vivendo. tão fria ela, rollo, e ainda assim: repara no nosso calor. encontrar de quem fomos arrancadas – que ação linda e difícil. não sei quantas vidas serão necessárias.

II
correr o mundo e acabar sempre passando pela xv

em um café, em uma esquina. cândido de abreu e paula gomes. nem hora nem dia nem céu nem noite nem chão nem eu. algumas coisas alteram a estrada enquanto reafirmam o caminho. queria que tivesse sido antes, queria que não tivesse sido, ainda, para ser agora e ser sempre. queria ser teu amigo, teu namorado, teu parceiro, teu interlocutor. queria fazer o mundo com você, queria estar aqui onde estou. o espanto de abrir um espelho – e, então, quebrá-lo até virar pó, purpurina-fatal, caco de imagem. poesia. despossessão. se saber junto de alguém, invertendo espaço e tempo e história e tudo. talvez a distância seja mesmo algo a ser percorrido com a língua. talvez o que tivesse de ser já havia sido. talvez você tenha me sonhado − as minhas, as nossas, as coisas todas abertas, errância&cintilância − nós, *que contamos sonhos, falamos de amigos que se ausentaram.* talvez você tenha me guiado pelas madrugadas, essas, tão profundas e translúcidas. eu também andei por aí desejando que me desejassem − tantas vezes, as *coisas destituídas de carinho.* eu também *já fui sal, cauda de pavão.* talvez fosse tua uma das vozes que me sopravam vida, desde que eu cheguei aqui. eu acho que sim. talvez você tenha me inventado. eu nunca deixei de te levar junto.

III
estou tentando fazer com que conheças a mim através da linguagem, vês?

penso agora, rollo, nas questões ditas *nossas,* mas que são a *nós atribuídas* − e isso, sem dúvida, muda tudo. foi-nos recusado esse processo de compreensão: se o léxico com o qual queríamos existir era mesmo esse com que nos apresentavam. de algum modo, as palavras, seus limites e possibilidades, com as quais fazemos presença, não foram por nós decididas − foram? porque sempre transitórias, porque sempre se fazendo no risco do desfazimento. por isso, a transformação. por isso, a fuga. por isso, a variação. duas possibilidades: ou essa *produção ininterrupta da diferença* ou essa *produção compulsória de assimilação.* mas não − suas criações me ofertam percursos muito mais interessantes. escrevo para você e com você − sei que me entende. a poesia, essa escavação que escapa do *isto ou aquilo* e que se faz nessa maravilha de *isto e aquilo e aquilo-outro.* nossas *formas precárias de fazer filmes,* que enganam − ouso dizer − as ficções de visível e invisível. *estou tentando fazer com que conheças a mim* com as palavras do mundo sabendo que também elas não podem tudo. entrar e sair da linguagem, o exercício impossível. porque não há corpo que não seja sustentado pela linguagem, pela interpelação, pela violência da linguagem mesma, desde o princípio, por seu poder prévio − este *antes* que nos atinge e

do qual, às vezes, sabemos tão pouco. e, sim: se a linguagem susten-
ta o corpo, pode também ameaçar sua existência. rollo, estou ten-
tando fazer com que conheças a mim agora mesmo, *antes e depois.*

IV
nunca irei escrever alguns poemas

eu estou mudando o mundo para dentro de mim, você escreveu. e eu
tenho nas mãos — como tem quem me lê — sua antologia de poesia.
ficou muito para ser feito, rollo — e, no entanto, olha tudo o que
há. nunca escreveremos alguns poemas e, talvez, por isso, a gente
se dedique, ainda, um pouco, ao amor — tão caro para nós. toma-
ra mesmo que os encontros sejam agora muito mais vastos do que
antes. tomara mesmo que este teu livro seja um espaço de encontro
do que nos arrancaram. que ele nos forme e nos intrigue. que nos
inspire estranheza, que doa e livre o livro. que seja a beleza imensa
que é. tomara mesmo que eu siga correndo para te encontrar. e que
alguém me acompanhe. *por mais que permaneça aqui, estarei sem-
pre só de passagem,* você me disse. e eu lhe digo: *eu vou com você.*

outubro, 2022

Francisco Mallmann atua entre a escrita, a performance, as artes
visuais e a teoria. Publicou *Haverá festa com o que restar* (2018),
Língua pele áspera (2019), *América* (2020) e *Tudo o que leva consigo
um nome* (2021). Este breve texto é uma ação de agradecimento a
Rollo de Resende, artista importantíssimo em sua vida e formação.

: bibliografia

: livros & plaquetes

Água mineral. Curitiba: FCC/Lei de Incentivo à Cultura, 1995.

Bem que se aviste racho de romã. Curitiba: Edição do autor, 1988.

Homeopoética: poemas em cápsula. Com Jane Sprenger Bodnar e Fernando Zanella. Curitiba: Casulo Provisório, 1991.

Plaquetes da Feira do Poeta. Curitiba: Feira do Poeta, 1991-1993.

Uma flor de lótus. Curitiba: Feira do Poeta/FCC, 1998. Edição póstuma.

: antologias

101 poetas paranaenses: antologia de escritas poéticas do século XIX ao XXI (1959-1993). v. 2. Organizador: Ademir Demarchi. Curitiba: Biblioteca Pública do Paraná, 2014.

Antese: coletânea de poesia. Organizadora: Eulália Maria Radtke. São José dos Pinhais: Secretaria Municipal de Cultura, 1996.

Grifos: I & II Concurso de Poesias. São José dos Pinhais: Departamento Municipal de Cultura e Esportes, 1991.

Os poetas 2: antologia de poetas contemporâneos do Paraná. Curitiba: SEEC, 1991. (Concurso Helena Kolody).

Os poetas 4: antologia de poetas contemporâneos do Paraná. Curitiba: Secretaria de Estado da Cultura, 1993. (Concurso Helena Kolody).

Os poetas 5: antologia de poetas contemporâneos do Paraná. Curitiba: Secretaria de Estado da Cultura, 1994. (Concurso Helena Kolody).

Os poetas 6: antologia de poetas contemporâneos do Paraná. Curitiba: Secretaria de Estado da Cultura, 1995. (Concurso Helena Kolody).

Perhappiness. Curitiba: Feira do Poeta/FCC, 1996.

Poemas fora da ordem: Prêmio Caetano Veloso. Salvador: STIEP/AEPET/ SINDIQUÍMICA, 1993.

V Concurso Poesias Celu. Curitiba: CELU, 1995.

: jornais

A sublime deriva. Seção Revelações. *Nicolau*, Curitiba, n. 41, ano V, p. 22-23, out./nov. 1991.

BODNAR, Jane Sprenger. A fonte e o cristal na poesia de Rollo de Resende. Seção Primeira Leitura. *A Notícia*, Joinville, 24 ago. 1996.

pode ter saído de um romance de pasolini. *Folha de Parreira*, Curitiba, jun. 1994.

1ª edição [2023]

Este é o livro nº 5 da Telaranha Edições.
Composto em Ratio Modern, sobre papel pólen soft 80 g, e impresso
nas oficinas da Gráfica e Editora Copiart, no ano do coelho de água.